COLLECTION

DE MADAME S...

COLLECTION

DE MADAME S...

Mai 1905.

Catalogue

DES

TABLEAUX MODERNES

IMPORTANTS

ET AQUARELLES

PAR

BERCHÈRE, BERNE-BELLECOUR, ROSA BONHEUR, BOUDIN
BRISSOT, DELORT, FRANÇAIS, ISABEY, CH. JACQUE
JONGKIND, EUG. LAMBERT, LEBOURG, L. LELOIR, MAD. LEMAIRE
LE GOUT-GÉRARD, LÉPINE, LHERMITTE, MICHEL, DE NITTIS
DE PENNE, J. ROMANI, ROYBET, VEYRASSAT
VIBERT, VOLLON, WORMS, ZIEM.

Œuvre capitale de CH. JACQUE : *La Bergerie*

DONT LA VENTE AURA LIEU A PARIS

GALERIE GEORGES PETIT, 8, rue de Sèze

Le Vendredi 5 Mai 1905, à 2 heures 1/2

<table>
<tr><td>COMMISSAIRE-PRISEUR :
Mᵉ PAUL CHEVALLIER
10, rue Grange-Batellière</td><td>EXPERT :
M. HENRI HARO, Peintre-Expert
14, rue Visconti, et 20, rue Bonaparte</td></tr>
</table>

EXPOSITION PARTICULIÈRE :

Le Mercredi 3 Mai 1905, de 1 heure 1/2 à 5 heures 1/2.

EXPOSITION PUBLIQUE :

Le Jeudi 4 Mai 1905, de 1 heure 1/2 à 5 heures 1/2.

TABLEAUX

BERCHÈRE
1 — *La Fontaine.*

  T. Haut., 25 cent.; larg., 19 cent.

350—

BERNE-BELLECOUR
2 — *Estafette.*

  B. Haut., 34 cent.; larg., 21 cent.

1000—

BOUDIN
(EUGÈNE)
3 — *Vue du Port de Bordeaux.*

  T. Haut., 49 cent.; larg., 74 cent.

4.700
Soucaret

BOUDIN
(EUGÈNE)
4 — *Trouville : La Plage.*

  B. Haut., 21 cent.; larg., 42 cent.

1.090
Lazard

BOUDIN
(EUGÈNE)

5 — *Venise.*

T. Haut., 55 cent.; larg., 90 cent.

BOUDIN
(EUGÈNE)

6 — *Bordeaux, un coin du port.*

T. Haut., 40 cent.; larg., 65 cent.

BOUDIN
(EUG.)

7 — *Bordeaux. Le Port.*

T. Haut., 53 cent.; larg., 82 cent.

BOUDIN
(EUG.)

8 — *Un Coin du Port.*

T. Haut., 35 cent.; larg., 57 cent

BRISSOT
(F.)

9 — *Paysage.*

B. Haut., 23 cent.; larg., 32 cent.

BRISSOT
(F.)
10 — *La Rentrée du Troupeau.*

T. Haut., 53 cent.; larg., 72 cent.

CHINTREUIL
11 — *Coucher de soleil.*

T. Haut., 40 cent.; larg., 27 cent.

DUPRÉ
(VICTOR)
12 —

T. Haut., 19 cent.; larg., 24 cent.

DUPRÉ
(VICTOR)
13 — *L'Approche de l'Orage.* — —

T. Haut., 35 cent.; larg., 62 cent.

FICHEL
(E.)
14 — *Les Deux Amies.*

B. Haut., 24 cent.; larg., 18 cent.

FRANÇAIS
(FRANÇOIS-LOUIS)
15 — *Le Port de Gênes.*

T. Haut., 32 cent.; larg., 40 cent.

FROMENTIN
(EUGÈNE)
16 — *La Mosquée.*

B. Haut., 21 cent.; larg., 27 cent.

GERVEX
17 — *Au Music-hall.*

T. Haut., 45 cent.; larg., 37 cent.

HUGUET
(V.)
18 — *La Fontaine.*

B. Haut., 45 cent.; larg., 36 cent.

JACQUE
(CH.)
19 — *Poules.*

B. Haut., 11 cent.; larg., 15 cent.

JACQUE
(CH.)

20 — *La Bergerie.*

48.000

Sonvearet

T. Haut., 69 cent.; larg., 1 mètre.

JONGKIND

21 — *Le Canal.*

1.000

Dubure

B. Haut., 18 cent.; larg., 22 cent.

JONGKIND

22 — *Grenoble.*

2.800

T. Haut., 23 cent.; larg., 38 cent.

JONGKIND

23 — *Paysage hollandais.*

5.300

T. Haut., 43 cent.; larg., 56 cent.

JONGKIND

24 — *Harfleur.*

2.900

de Kuyter

T. Haut., 44 cent.; larg., 60 cent.

KAEMMERER

25 — *La Modiste. Epoque Louis XV.*
T. Haut., 60 cent.; larg., 35 cent.

LEBOURG
(ALBERT)

26 — *Bord de Rivière.*
T. Haut., 34 cent.; larg., 64 cent.

LE GOUT-GÉRARD
(F.)

27 — *Le Marché.*
T. Haut., 30 cent.; larg., 40 cent.

LE GOUT-GÉRARD
(F.)

28 — *Les Pêcheurs.*
T. Haut., 45 cent.; larg., 37 cent.

LÉPINE
(S.)

29 — *Le Jardin des Tuileries.*
B. Haut., 22 cent.; larg., 32 cent.

LÉPINE
(S.)

30 — *Bords de la Seine, à Ivry.*

T. Haut., 37 cent.; larg., 66 cent.

LEWIS-BROWN
(J.)

31 — *Le Tandem.*

B. Haut., 17 cent.; larg., 12 cent.

MICHEL

32 — *Paysage.*

T. Haut., 46 cent.; larg., 70 cent.

DE NITTIS
(JOSEPH)

33 — *Paysage italien.*

T. Haut., 60 cent.; larg., 81 cent.

DE PENNE
(OL.)

34 — *Chiens courants*

B. Haut., 22 cent.; larg., 16 cent.

DE PENNE
(OL.)

35 — *Chiens courants.* — — — — — — *39*

B. Haut., 22 cent.; larg., 17 cent.

RICHET
(LÉON)

36 — *La Mare.* — — — — — — *980*

T. Haut., 44 cent.; larg., 62 cent.

ROMANI
(JUANA)

37 — *Jeune Femme.* — — — — *520*

B. Haut., 45 cent.; larg. 37 cent.

ROYBET
(F.)

38 — *Gentilhomme, époque Louis XIII.* *5.650*

B. Haut., 59 cent ; larg., 37 cent.

ROYBET
(F.)

39 — *Gentilhomme sur un pont.* — *1450*

B. Haut., 27 cent.; larg., 16 cent.

STÉVENS
(JOSEPH)

40 — *Épagneul.*

B. Haut., 17 cent.; larg., 20 cent.

STÉVENS
(ALFRED)

41 — *Jeune Femme.*

B. Haut., 18 cent.; larg., 12 cent.

VEYRASSAT
(J.)

42 — *Le Chemin de halage.*

T. Haut., 19 cent.; larg., 29 cent.

VIBERT
(J. G.)

43 — *La Quêteuse.*

B. Haut., 26 cent.; larg., 16 cent.

VOLLON
(A.)

44 — *La Soupière.*

B. Haut., 32 cent.; larg., 24 cent.

ZIEM
(F.)

8.700 45 — *Le Palais ducal.*

T. Haut., 41 cent.; larg., 63 cent.

ZIEM
(F.)

4.900 46 — *Constantinople. Les Eaux-douces.*

B. Haut., 47 cent.; larg., 64 cent.

ZIEM
(FÉLIX)

10.000 47 — *Venise. Les Lagunes. Effet de soleil couchant.*

T. Haut., 53 cent.; larg., 82 cent.

ZIEM
(F.)

2.500 48 — *L'Adriatique.*

B. Haut., 31 cent.; larg., 46 cent.

ZIEM
(F.)

8.700 49 — *Entrée du Grand Canal à Venise.*

T. Haut., 56 cent.; larg., 80 cent.

ZIEM
(F.)

11.000 50 — *Quai des Esclavons. La Prome-*
nade.

T. Haut., 54 cent.; larg., 80 cent.

Croiseau

ZIEM
(F.)

3.100 51 — *Le Lion de Saint-Marc.*

B. Haut., 63 cent.; larg., 44 cent.

de Kuyfer

ZIEM
(F.)

8.100 52 — *Venise.*

T. Haut., 65 cent.; larg., 88 cent.

ZIEM
(F.)

4.600 53 — *Le Campanile et le Palais ducal.*

B. Haut., 28 cent.; larg., 39 cent.

Morel d'Arleux

ZIEM
(F.)

4.300 54 — *Constantinople : La Corne d'Or.*

B. Haut., 56 cent.; larg., 73 cent.

Duparchy

ZIEM
(F.)

4.500 55 — *Venise : La Barque.*

T. Haut., 50 cent.; larg., 75 cent.

ZIEM
(F.)

3.050 56 — *Le Crépuscule.*

B. Haut., 44 cent.; larg., 74 cent.

ZIEM
(F.)

57 — *La Voile blanche.*

T. Haut., 53 cent.; larg., 74 cent.

4.800

Ahzimri

AQUARELLES ET PASTELS

BONHEUR
(ROSA)

58 — *Chamois dans la neige.*

DELORT
(C.)

59 — *L'Habit rouge.* — — — —

DETAILLE
(ED.)

60 — *Un Hussard.* — — — — — —

GAVARNI

61 — *Sur le Bateau.* — — — — —

GILBERT

62 — *Le Quai aux Fleurs.* _ _ _

ISABEY

63 — *Après le Duel.* _ _

ISABEY
(E.)

64 — *La Procession.* _ _

ISABEY
(E)

65 — *Cavaliers en marche.* _

LAMBERT
(EUGÈNE)

66 — *Chats.* _ _ _

LE GOUT-GÉRARD

67 — *Les Tricoteuses.* — — 450 —

Lazard

LEMAIRE
(MADELEINE)

68 — *Fleurs.* — — — — 380 —

LHERMITTE
(L.)

69 — *Les Laveuses.* 6.500

Haut., 37 cent.; larg., 52 cent.

DE PENNE
(OL.)

70 — *La Meute.* — — — 700 —

Guyoton

DE PENNE
(OL.)

71 — *Chiens.* 510 —

ROUSSEAU
(TH.)

72 — *Vallée déserte.* — 210 —
Proux

WORMS

73 — *Le Muletier.* — 330 —
Cohen

74. — Sous ce numéro, les tableaux
ou aquarelles non catalogués.